福建省地方标准

闽江干流航道维护技术规程

DB 35/T 1840—2019

人民交通出版社股份有限公司
China Communications Press Co.,Ltd.

图书在版编目(CIP)数据

闽江干流航道维护技术规程 / 福建省福州港口管理局,福建省港航勘察设计研究院主编. — 北京:人民交通出版社股份有限公司, 2019.10
ISBN 978-7-114-15854-4

Ⅰ. ①闽… Ⅱ. ①福… ②福… Ⅲ. ①闽江—航道整治—技术操作规程 Ⅳ. ①U617-65

中国版本图书馆 CIP 数据核字(2019)第 219688 号

标准类型:福建省地方标准
Minjiang Ganliu Hangdao Weihu Jishu Guicheng
标准名称:闽江干流航道维护技术规程
标准编号:DB 35/T 1840—2019
主编单位:福建省福州港口管理局
　　　　　福建省港航勘察设计研究院
责任编辑:闫吉维
责任校对:张　贺　龙　雪
责任印制:张　凯
出版发行:人民交通出版社股份有限公司
地　　址:(100011)北京市朝阳区安定门外外馆斜街 3 号
网　　址:http://www.ccpress.com.cn
销售电话:(010)59757973
总 经 销:人民交通出版社股份有限公司发行部
经　　销:各地新华书店
印　　刷:北京市密东印刷有限公司
开　　本:880×1230　1/16
印　　张:2
字　　数:54 千
版　　次:2019 年 10 月　第 1 版
印　　次:2019 年 10 月　第 1 次印刷
书　　号:ISBN 978-7-114-15854-4
定　　价:28.00 元
(有印刷、装订质量问题的图书由本公司负责调换)

DB 35/T 1840—2019

目　次

前言
1　范围 1
2　规范性引用文件 1
3　术语和定义 1
4　缩略语 2
5　基本要求 2
6　航道维护观测 4
7　航标维护 7
8　滩险河段航道维护 9
9　航道整治建筑物维护 10
10　闽江通海航道维护 12
11　年度维护计划和技术考核 13
12　航道保护 15
附录 A（规范性附录）　浅滩航道河床演变观测 17
附条文说明 19

前言

本标准按照 GB/T 1.1—2009 给出的规则起草。

本标准由福建省福州港口管理局提出。

本标准由福建省交通运输厅归口。

本标准起草单位：福建省福州港口管理局、福建省港航勘察设计研究院。

本标准主要起草人：陈阜、林金裕、傅勇明、郑毅、洪育超、刘荣林、刘庆旺、缪亚欣、陈孝星、郑尔惠、王惠民、徐伦焕。

闽江干流航道维护技术规程

1 范围

本标准规定了闽江干流航道维护的术语和定义、基本要求、航道维护观测、航标维护、滩险河段航道维护、航道整治建筑物维护、闽江通海航道维护、年度维护计划和技术考核及航道保护等内容。

本标准适用于闽江干流航道的维护。

2 规范性引用文件

下列文件对于本文件的应用是必不可少的。凡是注日期的引用文件,仅注日期的版本适用于本文件。凡是不注日期的引用文件,其最新版本(包括所有的修改单)适用于本文件。

GB 4696　　　　中国海区水上助航标志
GB 5863　　　　内河助航标志
GB 50139　　　内河通航标准
JT/T 731　　　海区航标维护　固定建(构)筑物
JTJ 287—2005　内河航道维护技术规范
JTS 131　　　　水运工程测量规范
JTS 132　　　　水运工程水文观测规范
JTS 180-3　　　海轮航道通航标准
JTS 181-5　　　疏浚与吹填工程设计规范
JTS 235　　　　水运工程水工建筑物原型观测技术规范
JTS 310　　　　港口设施维护技术规范
海区航标作业管理规则:安监字〔1996〕290号

3 术语和定义

GB 50139、JTJ 287—2005 界定的以及下列术语和定义适用于本文件。

3.1
闽江干流航道　Minjiang main channel

闽江口七星礁(外沙)至水口水电站坝下航道。

注:其中闽江口七星礁至马尾大马礁为闽江通海航道,马尾大马礁(经南港)至水口水电站坝下为闽江Ⅳ级航道。

3.2
闽江通海航道　Minjiang sea ward channel

福州港闽江口内港区的进港航道。

注:同时也是闽江内河航运出海通道。

3.3
闽江Ⅳ级航道　Minjiang class Ⅳ channel

从马尾大马礁(经南港)至水口坝下航道。

3.4

闽江南港航道 south channel of Minjiang

马尾大马礁至淮安分流口航道。

3.5

汛期 flood season

每年 4 月至 8 月。

3.6

非汛期 non-flood season

每年 9 月至翌年 3 月。

4 缩略语

下列缩略语适用于本文件。

AIS：船舶自动识别系统（Automatic Identification System）；
GPS：全球定位系统（Global Positioning System）。

5 基本要求

5.1 一般要求

5.1.1 闽江干流航道维护根据航道条件和航道维护类别应进行的工作包括：
 a) 制订航道年度维护计划；
 b) 进行航道维护观测；
 c) 航标维护；
 d) 采取疏浚、清障、调标和改槽等维护工程措施，保证航道维护尺度标准；
 e) 航道整治建筑物的检测和维护；
 f) 航道整治建筑物调整；
 g) 航道技术指标考核；
 h) 航道保护。

5.1.2 航道维护标准应根据设计要求及 GB 50139 的规定，结合闽江干流航道条件和航运要求论证确定。

5.1.3 闽江干流航道宜在航道维护标准的基础上，适当提高汛期的航道维护水深并分月公布。

5.1.4 航道管理机构应会同相关管理机构采取必要的措施防止违规无序挖采河砂活动，以免对航道造成影响。

5.1.5 闽江干流航道维护活动应采取必要的环境生态保护措施。

5.2 航道维护分类、等级

根据闽江水系的特点将闽江干流维护航道分为：
 a) 闽江通海航道：从闽江口七星礁至马尾大马礁。闽江通海航道是福州港闽江口内港区的进港航道，同时也是闽江内河航运出海通道，通航里程约 48.6 km。其中：七星礁（外沙）至粗芦岛航段 20.3 km，满足 3 万吨级船舶乘潮单线通航要求；粗芦岛至华能福州电厂煤码头航段 24.1 km，满足 2 万吨级船舶乘潮单线通航要求；华能福州电厂煤码头至马尾罗星塔段 4.2 km，满足 1 万吨级船舶乘潮单线通航要求。
 b) 闽江Ⅳ级航道：从马尾大马礁经南港至水口坝下，通航里程约 92 km，为内河Ⅳ级航道。其中闽江南港航道从马尾大马礁至淮安分流口长约34km,淮安分流口至水口水电站坝下长约58km。
  c) 闽江干流航道的维护类别均为一类维护。

5.3 航道维护尺度

5.3.1 闽江通海航道

5.3.1.1 闽江口七星礁(外沙)至粗芦岛航段

单线乘潮通航3万吨级船舶,航道通航宽度150m,底高程-7.7～-7.3m(基面:当地理论最低潮面,下同),弯曲半径不小于960m。

5.3.1.2 粗芦岛至华能福州电厂煤码头航段

单线乘潮通航2万吨级船舶,航道通航宽度125m,底高程-7.7～-6.3m,弯曲半径不小于830m。

5.3.1.3 华能福州电厂煤码头至马尾大马礁航段

单线乘潮通航1万吨级船舶,航道通航宽度100m,底高程-6.0m,弯曲半径不小于730m。

5.3.2 闽江Ⅳ级航道

通航1000吨级闽江干流标准运输船舶,双线航道宽度55m,单线航道宽度30m,航道水深2.5m,卵石和岩石区水深2.7m,弯曲半径不小于300m。

5.3.3 自然条件优良的河段或水位上升时期

在保证维护水深的前提下,应尽量将航道放宽。水位下降时期,应逐步缩窄航道宽度,但不小于该航道的维护宽度,以保证计划维护水深。

5.3.4 非汛期

当闽江Ⅳ级航道计划维护水深和宽度不能同时兼顾时,可适当缩窄航宽,但不小于航道单线宽度30m,以保证计划维护水深。如缩窄宽度或采取疏浚措施后计划维护水深仍不能保证时,则据实测报。

5.3.5 其他

为充分利用航道自然条件,航道实际维护尺度可采取分月、分周等方式发布。

5.4 航道测报与航道信息发布

5.4.1 航道测报应包括航道尺度、航标异动和航道其他重要变化情况等测报内容。
5.4.2 闽江通海航道一季度发布一次,台风、汛期后宜适当增加次数。
5.4.3 非汛期闽江Ⅳ级航道浅滩段的航道尺度测报次数应符合表1的规定,汛期Ⅳ级航道浅滩段的航道尺度测报,可在表1的基础上增加出浅期的测报次数。浅滩段的具体位置和测时邻近水位站的水位应同时测报。

表1 航道浅滩段的航道尺度测报次数

时期	非汛期	汛期
航道测报次数	闽江Ⅳ级航道20～30d一次,闽江通海航道30d一次	闽江Ⅳ级航道10～15d一次,闽江通海航道20～30d一次

5.4.4 对航标增设、移动、撤销和改变灯质等异动情况,应做好记录并及时上报。

5.4.5 对整治建筑物等明显异动情况,应做好记录并及时上报。

5.4.6 闽江干流航道的航道测报应逐步建立电子航道图系统。

5.4.7 对航道尺度、航标和航道其他重要变化情况应进行核查和登记,并应根据实际情况及时发布航道信息。

5.4.8 航道信息宜采用航道通告、通电或互联网的形式定期或不定期发布。发布的航道信息应包括下列内容:
   a) 航道设标里程、发光航标里程和分月设标水深;
   b) 特殊航道的开放与封闭;
   c) 通航建筑物的停航与复航;
   d) 航道工程施工对通航的影响;
   e) 与通航有关的其他航道信息。

5.4.9 通航桥孔变更和航道改槽等航道信息应提前 1~2d 发布。当航道水深或宽度接近维护标准时,应每日发布航道浅滩段的水深和宽度信息。

5.4.10 可通过适当方式发布当日水位和水情预报。在江面较窄和水位日变幅较大的航道上,可在临江岸上明显位置设置供船舶直接观读的水尺。

5.4.11 航道测报应由航道维护管理部门或由其委托有相应资质的单位执行;航道信息由航道维护管理部门发布。

5.5 航道维护管理

5.5.1 闽江干流航道应由专业维护队伍或有相应资质的单位维护,维护范围和维护标准应相互衔接。

5.5.2 维护单位在汛期过后应立即开展航道、航标和整治建筑物检测。

5.5.3 航道检测中发现航道实际尺度达不到航道维护标准,若通过航线、航标等调整设置重新达到航道维护标准,应发布航道公告;若航道内水深不足,或有水下碍航物等影响船舶通行且不能及时解决的,应在认真做好航道扫床和勘察基础上,提出具体的航道维护方案,报航道主管部门审核并实施后,报请海事部门发布通告。

5.5.4 整治建筑物损坏严重的,应确定修复或调整方案。

5.5.5 航道维护应合理配备船舶、机械和仪器等设备,建立船舶基地、维修基地和器材仓库等生产设施。

6 航道维护观测

6.1 一般要求

6.1.1 闽江干流航道维护观测应采用当地理论最低潮面、设计最低通航水位和国家坐标系统,同时应确定已有成果资料的坐标和高程转换关系。维护观测前应检查平面和高程控制点。

6.1.2 闽江干流航道维护观测主要应包括航道维护水文测验、航道整治建筑物观测、浅滩航道维护测量和航道图测绘等。航道维护观测方法与要求应符合 JTS 131、JTS 132 的有关规定。

6.1.3 闽江干流航道维护观测采用的深度基准面应满足下列规定:
   a) 闽江通海航道应采用当地理论最低潮面;
   b) 闽江Ⅳ级航道宜采用设计最低通航水位;
   c) 河道水文条件明显变化时,应通过论证研究及时调整设计最低通航水位;设计最低通航水位宜每 5 年复核一次。

6.1.4 闽江干流航道维护观测的测量仪器设备应按国家规定进行计量检定,在检定有效期内使用,并进行现场校验和比对,且应满足测量规范的要求。

6.1.5 闽江干流航道整治建筑物的观测按照 JTS 235 的有关规定执行。

6.1.6 闽江干流航道维护观测应对航道观测固定标志进行保护。

6.1.7 水位情况发生变化时,航道观测应采取以下措施:
   a) 非汛期应加强航道水域外的河床探测,及时掌握新航槽的出现和发展情况,以便在现行航道条件恶化时能及时开辟预备航槽;
   b) 汛期过后,应全面探测航道及边滩水域,及时掌握河床冲淤变化。

6.1.8 闽江干流航道维护观测应积极采用测量新技术和新设备。

6.1.9 闽江干流航道维护观测的成果资料,应能满足河床演变分析、挖泥疏浚、维护工程量预测以及系统资料积累的需要,并及时进行分析整理、归档保存。

6.2 航道维护水文观测

6.2.1 维护需要的水文资料可利用其他部门已布设的水文站资料,若确有需要的进行补充观测。

6.2.2 闽江干流航道维护水文观测包括水位、流量、流速、流向、流态和泥沙等观测,应根据航道维护要求进行。

6.2.3 闽江Ⅳ级航道因自然因素和人类活动而引起河床较大变化的河段,应进行流速、流态等水文观测,且应在非汛期进行该河段的瞬时水面线观测。

6.2.4 碍航的滩险河段应进行比降、表面流速、流向和必要的航迹带观测。

6.2.5 航道的汊道浅滩,可根据水流趋势在各汊道内布设水文测验断面,施测不同水位期的分流比和分沙比。

6.3 航道维护水深测量

6.3.1 闽江干流航道维护水深测量主要包括全河段测量、全航道定期测量、浅滩河段及航道疏浚区测量。

6.3.2 闽江通海航道宜每3年进行一次全河段测量,测量比例不小于1:10000;闽江Ⅳ级航道宜每2年进行一次全河段测量,测量比例不小于1:5000。根据河段变化情况,可适当缩短测量周期。

6.3.3 闽江干流航道测量范围应包括航道及锚地水域,测量周期为每半年一次,测量比例不小于1:5000。

6.3.4 闽江Ⅳ级航道浅滩河段测量的测次应符合表2的规定,测量比例不小于1:1000。特殊重要的浅滩应适当增加测次。

表 2 浅滩维护测量测次   单位为次每年

浅滩性质	变化频繁的浅滩	变化较大的浅滩	较为稳定的浅滩
测次	≥3	≥2	≥1

6.3.5 闽江通海航道疏浚区应定期进行测量,测量范围应包括航道疏浚区及两侧边坡水域,测量周期为4次每年(每个季度1次),测量比例不小于1:2000。在风暴潮等特殊水文情况下宜增加测量次数。

6.3.6 每年应对浅滩安排1~2个基本测次的航道检测;一般浅滩应在汛期后、非汛期分别安排1个基本测次的航道检测。在航道出现严重浅情时期,即实际维护尺度接近或低于计划维护尺度时,每5~7d进行一次局部浅区的检测,必要时加密测次。

6.3.7 浅滩航道维护测量的测区范围应包括浅滩及上下游深槽的相邻部分。测量内容应包括水下地形、表面流速、流向和比降等,无明显变化的堤线、岸线和陆上地形,可采用已有测量成果。

6.3.8 浅滩疏浚测量可在表2的基础上增加测次,测量范围可适当缩小或主要限于碍航浅区,但测量比例应予扩大,同时应探明浅区地质。变化频繁的沙质浅滩疏浚工程中挖槽定线和施工放样使用的测图,宜在开工前5d内测出。对于中硬底质的碍航浅区,疏浚后应采用多波束测深系统扫测或硬式扫床进行水下障碍物探测。

6.3.9 同一浅滩航道的维护测量应采用相同的坐标系统、绘图基准面和测图比例。

6.3.10 浅滩维护性测量应根据滩段的冲淤变化规律进行安排,宜在汛期后和非汛期进行。

6.3.11 航道浅滩的地形测量可采用断面法进行。

6.3.12 对碍航严重或水沙运动复杂的重点浅滩,应根据实际需要进行河床演变观测。浅滩航道河床演变观测应符合附录A的规定。

6.4 航道整治建筑物观测

6.4.1 航道整治建筑物观测内容主要包括沉降、位移和断面观测。

6.4.2 闽江干流航道整治建筑物的观测按JTS 235的有关规定执行。

6.4.3 航道整治建筑物应定期进行观测,测量范围应根据整治建筑物的特点和维护要求确定,观测周期可按表3的要求确定。

表3 航道整治建筑物观测周期   单位为次每年

观测对象	观测内容	观测周期
直立堤、混合堤	沉降	2
	水平位移	1~2
斜坡堤	标准断面	2
水下局部地形	水下地形断面	2(汛期和非汛期各1次)

6.5 航道图测绘和电子航道图制作、维护及更新

6.5.1 闽江干流航道宜进行全河段航道图测绘,逐步实现电子航道图覆盖全航道,并及时更新。

6.5.2 全河段航道图测绘应包括水下地形、陆上地形、导助航设施、与通航有关的建筑物、水上服务设施、城镇和其他重要地形地物的位置或轮廓,尚应测量碍航物的位置和高程等。

6.5.3 全河段航道图应标绘距河口或主要港口整数里程、主要三角点、水文站测验断面、各类水尺的位置及测量日期、测时水位等,并附各主要建筑物的特征参数、沿程各地航行基面的数据和换算方法等,必要时应标绘汛期、非汛期航线的位置。

6.5.4 全河段航道简图可采用小于长河段航道图的图比,重点测量滩险段的水下地形,对非滩险段的水下地形测量,可放宽断面间距或沿航线及两侧进行纵向测量。

6.5.5 闽江干流电子航道图以能保证航行安全、便于使用为原则。内容以闽江干流航道水域要素为主,详细表示水下地形、航行障碍物、助航标志、与通航有关的建筑物、水上服务设施等要素,陆地着重表示沿江的主要地貌、地物等要素,基本内容包括:

a) 岸线和岛屿;
b) 陆域地貌、水系、道路、境界、桥梁、涵闸和管线;
c) 港口和沿岸设施;
d) 干出滩;
e) 水深、等深线和底质;
f) 航行障碍物;

g) 助航设施；
h) 航道、锚地；
i) 各种地名、专有名称和说明注记。

6.5.6 闽江干流电子航道图的制作应遵循国家有关标准规范和闽江干流航道的特点实施。

6.5.7 闽江通海航道的电子航道图应与电子海图实现合理衔接。

6.5.8 闽江干流电子航道图应根据最新的观测资料及时维护更新。

6.5.9 闽江干流电子航道图的密级要求应按国家有关的保密规定执行。

7 航标维护

7.1 一般要求

7.1.1 闽江干流各类航标配布要求应符合 GB 4696 和 GB 5863 的要求。

7.1.2 通海航道航标维护按海标维护，闽江Ⅳ级航道航标维护按内河标维护。

7.1.3 航标的维护内容应包括航标的设置、调整、检查、保养和维修等。其中闽江通海航道航标由福州航标处负责维护。

7.1.4 航标维护应满足下列要求：
   a) 航标的位置正确，外形尺寸符合规定，颜色鲜明，灯光明亮，灯质和视距等符合要求；
   b) 航标通视有效范围内无遮掩物；
   c) 通行信号和水深信号揭示及时、正确；
   d) 航标维护正常率不小于99%。

7.1.5 航标设置应满足一类航标配布要求，可重点航标配布要求设置发光的航标。

7.1.6 闽江干流航道上的航标配布必须连续。

7.1.7 闽江通海航道与闽江Ⅳ级航道交汇处航标的配布应连贯、不混淆。

7.1.8 专设航标应根据航标所处的位置和作用进行设置，位于航道上的专设航标应采用航行标志，位于非航道上的专设航标应采用专用标志。

7.1.9 钢质航标备品数量应满足下列要求：
   a) 钢质浮具备品数量为在用数量的30%~40%；在航标易被碰损或水质对浮具有严重腐蚀的河段，备品数量适当提高；
   b) 专设航标浮具备品数量为在用数量的100%；
   c) 航标索具、锚具、电源和灯器等航标器材备品数量为在用数量的50%。

7.2 航标的设置与调整

7.2.1 闽江干流航道上的航标种类和外形尺寸宜一致。

7.2.2 航标设置应充分利用自然水深，并应满足规定的航道水深、航道宽度和弯曲半径的要求。

7.2.3 航道内所设航标应编号或命名。

7.2.4 航道水上过河建筑物的上、下游宜设置标示通航净高的标牌，必要时应设置自动显示牌。

7.2.5 宜在闽江通海航道的重点航标标位设置无线电航标或雷达反射器。

7.2.6 河床稳定的航段应按航标配布图设置航标，并应符合下列规定：
   a) 航标位置和数量应根据水位或水深变化及时调整；
   b) 发光航标里程应按规定的水位或时间延长或缩短。

7.2.7 通航条件变化较大的滩险航段，应根据航道变化情况和船舶安全航行要求及时调整航标位置和数量。

7.2.8 岸标应设置在岸坡稳定、背景和通视条件良好的岸边。当岸坡较高时，岸标标位距水面的垂直高度应满足船舶引用航标的要求。

7.2.9 碍航物浮标的设置应符合下列规定：
 a) 浮标的数量应根据碍航物的形状大小和碍航程度确定；
 b) 浮标的位置应满足侧向风压和流压作用下与碍航物安全距离的要求；
 c) 浮标的设置时间应根据航道维护水深和碍航的起讫水位合理确定。

7.2.10 标示航道界限的浮标应保证回转或摆动后所标示航道内有规定的维护水深。

7.2.11 泛滥标应在河岸或岛屿淹没前设置，并应在规定的水位或时间发光。

7.2.12 通航控制河段应设置通行信号标、鸣笛标、界限标和通行信号台。通行信号台的位置和数量应根据控制范围和通视条件确定。

7.2.13 通行信号台开班和收班的时间或水位应根据控制河段的航道条件和船舶运行情况确定。

7.2.14 通信困难的地区宜在航道浅段设置水深信号标或航道水深数字牌。

7.2.15 专设航标的设置与维护应符合下列规定：
 a) 临河工程的施工期临时专设航标的数量应根据施工占用通航水域的长度和碍航程度确定；工程建成后，永久性专设航标的数量应根据临河工程的碍航程度确定；
 b) 过河工程的施工期和建成后，专设航标的数量应根据过河工程的碍航程度确定；
 c) 拦河工程的施工期和建成后，专设航标的数量应按工程需要和通航要求确定；
 d) 未设通航建筑物的拦河工程应在上游和下游设置禁止通航信号标志。

7.2.16 航标灯器和能源应满足性能良好、质量可靠、使用维护方便、环保和节能的要求。

7.2.17 城镇、桥区和坝区等灯光杂乱地区的航标灯，应增强亮度，航标灯的灯质应避免与其他灯光混淆。

7.2.18 桥区、碍航礁石和滩嘴等关键位置的航标失常时，必须立即恢复；其他航标失常时应及时恢复。

7.2.19 存放在岸上或水中的备用航标不得与在用航标相混淆。

7.2.20 陡涨洪峰或大量漂木到达前，应对水上航标采取保护措施；洪峰、漂木或暴风雨雪后，应及时恢复失常或受损的航标。

7.3 航标的检查、保养与维修

7.3.1 航标检查、保养与维修的内容、技术要求和周期，应根据闽江干流河流特性、航道特点、航标类型及材质确定。

7.3.2 航标应进行日常检查和定期检查。下列情况尚应组织临时检查：
 a) 水位出现大幅度变化或大量漂流物来到前后；
 b) 恶劣或灾害性天气预报之前和发生之后；
 c) 执行警卫、军事任务以及其他特殊任务之前。

7.3.3 航标的日常检查和临时检查应包括下列主要内容：
 a) 航道内水深是否足够，标位是否正确；
 b) 标志是否完好、牢固、整洁和鲜明；
 c) 岸标是否正直，浮具有无损伤、积水；
 d) 系缆长度及水深的比例是否适当，锚链（钢缆）上有无缠挂物；
 e) 灯器和电源是否正常、有效；
 f) 航标上安装的遥测遥控终端、雷达应答器、雷达反射器等设施的工作状态是否良好；
 g) 航标通视有效范围内有无遮掩物；
 h) 存放在岸上或水中的备用航标是否与在用航标相混淆。

7.3.4 航标的定期检查除应包括日常检查内容外，尚应包括下列内容：

a) 全面探测航道浅变部位和可能发展的航槽；
b) 夜航检查航标灯质和灯光亮度；
c) 逐个查看浮具有无损伤、积水和锚链磨损程度。

7.3.5 航标的检查内容可根据航标新技术、新材料和新工艺的应用情况进行调整。

7.3.6 航标的检查方法可采用逐标检查和重点检测相结合的方式。

7.3.7 航标的日常检查和定期检查的周期，可根据航道维护类别、航道特性和维护工作量确定，并应符合下列规定：
a) 航标日常检查的周期不宜大于5d,定期检查的周期不宜大于20d；
b) 滩险河段成滩期和桥区、坝区、港区航道设标期,航标的日常检查应每天进行；
c) 已建立航标遥控遥测系统的航段,日常检查和定期检查的周期可适当延长。

7.3.8 航标保养与维修的周期应符合JTJ 287—2005中4.3.8的规定。

7.3.9 航标的灯器、电源和自动显示牌每季度应进行一次质量检验。太阳能电池板每月至少进行一次采光板表面清洁。雷达应答器、雷达反射器、遥控遥测终端等设备每年应进行一次质量检查。

7.3.10 航标备品必须定期检查,使其保持良好的技术状态。暂不使用的浮具应集中存放于安全的地点。

7.3.11 浮具、塔体、标杆、电池灯航标器达到报废年限(设计使用寿命或规定使用年限),或技术状态不能满足正常使用要求的,应履行报废手续,并及时补充。

7.3.12 闽江干流航道航标宜采用新技术,逐步实现遥控遥测功能：
a) 在一体化智能航标灯器上安装气压传感器,精密测量浮标所在位置的气压,通过与安装于桥梁上的雷达水位计进行校准,获取航道水位值和水位变化情况；
b) 在一体化智能航标灯器上搭载气象设备(温湿度、气压、风速风向和雨量等传感器),实现航道多参数感知功能；
c) 在桥梁上或岸标上安装4G无线视频设备,实现航道的视频监控；
d) 在浮标上安装AIS终端,试验通过AIS向船舶广播航标信息和水文信息,更好地为过往船舶提供航行安全保障服务,并对碰撞浮标的船舶提前报警,并记录和自动跟踪及查找肇事船舶；
e) 试点安装采用GPS/北斗定位和北斗通信实现遥测遥控的新型智能化一体航标灯器,试点北斗定位通信技术在数字航道中的应用。

8 滩险河段航道维护

8.1 一般要求

8.1.1 浅滩、急滩、险滩和弯曲狭窄河段的航道应重点维护。

8.1.2 在特殊条件下,当航道维护标准水深、航宽和弯曲半径确实难以兼顾时,可采取下列应急措施：
a) 在顺直航道上,可舍宽求深,但航宽不得小于30m的单线航道宽度；
b) 在弯曲航道上,在航宽适当加大的条件下,弯曲半径可小于维护标准,但不得小于3倍设计船队长度。

8.1.3 对采取维护手段仍难以达到维护标准的滩险航道,应加强观测研究,并提出治理建议。

8.1.4 航道疏浚和清淤的弃土,应对泥质性质和污染程度进行分析,采取必要的处理措施,避免二次污染。

8.1.5 航道维护的弃土处理应符合下列规定：
a) 当附近有废弃的河汊、倒套或深潭时,可将弃土抛置其中；
b) 当条件具备时,宜将弃土再利用。

8.2 浅滩航道维护

8.2.1 航道中的碍航浅滩可采取调标、改槽或疏浚等措施进行维护。

8.2.2 浅滩航道维护的调标和改槽应采取航标调整和重新设置航标及必要的疏浚措施。

8.2.3 浅滩航道维护疏浚应符合 JTS 181-5 的有关规定。

8.2.4 浅滩航道维护疏浚挖槽定线应符合下列规定：
  a) 挖槽应与上下游航槽平顺衔接，挖槽轴线与流向的交角不宜大于15°；
  b) 挖槽宜选在河床较为稳定或有利于冲刷发展的部位，宜避开回淤区和移动滩体的下游；
  c) 当浅滩碍航严重时，在维护现行航道的同时，可开辟预备航槽。

8.2.5 浅滩维护疏浚的弃土应考虑资源的再利用，当不能利用时，应抛置在不致造成航道回淤和其他不良影响的部位。

8.2.6 维护疏浚卵石浅滩宜采用顺流进挖方法，当挖槽较长时，可选择分条或分段施工方法，并应避免槽内出现碍航浅埂。

8.3 弯曲狭窄河段航道维护

8.3.1 弯曲狭窄河段航道每年应进行一次扫床，紧靠船舶停泊区和城镇的弯曲狭窄河段航道、处于桥渡区和水流交汇处的弯曲狭窄河段航道，扫床次数每年不应少于 3 次。碍航的淤积物和障碍物应及时清除。

8.3.2 弯曲狭窄河段航道的维护，可根据实际情况增辟供较小船舶航行的副航道。

8.3.3 弯曲狭窄河段航道中淤积变化较大且每年均要疏浚的浅滩，应在出浅碍航前进行疏浚。

8.3.4 船舶会让困难或船舶调向困难的弯曲狭窄河段航道，当条件允许时，可采取局部加宽或切嘴等措施进行维护。

9 航道整治建筑物维护

9.1 一般要求

9.1.1 航道整治建筑物维护应包括下列内容：
  a) 对整治建筑物的技术状况进行检查；
  b) 对受损坏的建筑物视具体情况开展研究分析后确定是否进行必要的维修；
  c) 对功能存在明显缺陷的建筑物进行局部改善。

9.1.2 航道整治建筑物技术状况的检查应包括定期检查和临时检查，检查记录应详实准确。

9.1.3 对受损坏或功能有缺陷的航道整治建筑物，应进行必要的观测和分析，并提出相应的维修或改善措施。

9.1.4 对航道整治建筑物的损坏部分进行修复加固即能保持原有设计技术状况和使用功能者，应实施维修工程。

9.1.5 对功能存在明显缺陷的整治建筑物，应实施局部改善工程。

9.1.6 改善工程规模较大的航道整治建筑物维护应纳入基本建设项目。

9.2 航道整治建筑物的检查

9.2.1 航道整治建筑物技术状况的检查应包括下列主要内容：
  a) 建筑物的现有尺寸与工程竣工验收尺寸有何差异；
  b) 建筑物附近河床与水流状况有无变化；
  c) 建筑物的功能是否正常；

d) 建筑物有无缺陷和隐患。

9.2.2 航道整治建筑物技术状况的检查重点应符合 JTJ 287—2005 中 6.2.2 的规定。

9.2.3 航道整治建筑物技术状况的检查方法应符合下列规定：

a) 整治建筑物水上部分是否完好、水下部分有无沉降和变形的检查，可采用目测、照相、摄像或量测等方法；
b) 对易变滩段建筑物、险要部位重点建筑物和已发现有明显损坏或未达到设计效果的建筑物，应采用仪器进行量测检查。

9.2.4 航道整治建筑物的检查周期应符合下列规定：

a) 定期检查，每年至少应在汛后进行一次检查，对新建整治建筑物，建成初期 3 年内宜在非汛期增加一次检查；
b) 临时检查应在山洪暴发、崩崖、滑坡和出现大量流木等情况后进行。

9.2.5 航道整治建筑物的技术状况，根据检查结果可分为下列四类：

a) 技术状况良好，功能发挥正常的为一类；
b) 建筑物有少量变形，但不影响建筑物稳定和整治功能的为二类；
c) 建筑物损坏较明显，尚能发挥整治功能，但需要及时修复的为三类；
d) 建筑物损坏严重或有明显缺陷，已经或即将失去整治功能的为四类。

9.2.6 技术状况为一类的航道整治建筑物可不进行处理；技术状况为二类或三类的航道整治建筑物，应制定并实施维修工程计划；技术状况为四类的航道整治建筑物，应结合河道来水来沙及演变趋势提出具体分步处理意见或改善工程措施。

9.2.7 凡属下列情况之一的应列为应急维修对象，并安排在当年维修：

a) 坝根冲坍，已经出现串沟；
b) 坝面严重剥离，影响整治效果；
c) 坝身冲开缺口，可能使坝身分离；
d) 坝头毁损严重，坝下冲刷坑发展迅速，影响坝体稳定；
e) 坝体或护滩、护岸建筑物遭受严重破坏，已明显削弱整治效果。

9.3 航道整治建筑物的维修与局部改善

9.3.1 航道整治建筑物的维修，在通常情况下，可采取原样修复办法进行维修。当出现特殊情况时，可按下列方法进行维修：

a) 当坝根出现串沟导致坝体严重损坏且不能按原样修复时，可在坝根上游修筑新的坝段，与原有建筑物衔接或搭接；
b) 当坝头冲刷坑较发育，靠近坝头一段的坝身坍塌较多时，可采用加宽坝头和放缓边坡的方法加固。

9.3.2 航道整治建筑物的局部改善应符合 JTJ 287—2005 中 6.3.2 的规定。

9.4 航道整治建筑物的调整

9.4.1 可根据航道水深维持和流场流态分布情况适当调整整治建筑物的尺度：

a) 整治建筑物已经损毁但附近航道内水深仍维持较好的，通过分析论证后可不修复；
b) 整治建筑物影响航道内流场流态的，可根据水深情况适当调整航道位置或整治建筑物。

9.4.2 整治建筑物的调整可通过模型试验研究确定。

10 闽江通海航道维护

10.1 一般要求

10.1.1 闽江通海航道为潮汐河口航道,维护应按天然径流航道维护的有关规定执行。

10.1.2 闽江通海航道维护内容应符合 5.1.1 的规定。

10.1.3 闽江通海航道整治建筑物维护应符合第 9 章的有关规定。

10.2 浅滩航段维护

10.2.1 闽江通海航道浅滩航段维护应符合 8.2 的有关规定。

10.2.2 闽江通海航道浅滩航段维护应根据波浪、水流、潮流、泥沙来源和回淤强度等因素,充分考虑波流共同作用下的航道泥沙回淤影响。

10.2.3 闽江通海航道浅滩航段宜采用自航耙吸挖泥船进行维护疏浚。

10.2.4 当航槽外边滩淤涨形成较陡边坡时,浅滩航段维护可在航槽外边坡上浚挖截沙槽,减小航槽外边滩的泥沙运移对航槽水深的影响。

10.3 航标维护

10.3.1 闽江通海航道的航标维护应符合第 7 章的有关规定。

10.3.2 闽江通海航道应根据航道条件和通航要求设置海区航标。

10.3.3 闽江通海航道航标维护正常率应达到 99.8%。

10.3.4 闽江通海航道航标定期检查应符合下列规定:
 a) 灯桩、导标、立标和浮标等应定期进行检查,检查次数每月不应少于 1 次,夜间通航的航道应增加一次夜间检查,常年疏浚维护的航道应增加一次检查;
 b) 风暴潮后必须对航标进行一次全面检查;
 c) 浮标标位每月应校对一次,每半年应起吊检查一次,并做好记录。

10.3.5 闽江通海航道航标的保养与维修应符合下列规定:
 a) 航标能源应按规定周期及时补给,同时应做好保养工作。
 b) 航标的检查、保养与维修应包括下列内容:
  1) 擦拭灯玻璃或透镜,检查灯器,校对灯质,测量开路电压和工作电流,并及时修复或更换;
  2) 检查电池箱和电池,并及时修复或更换;
  3) 检查接线,并及时修复或更换;
  4) 检查太阳能电池板、接线盒和充电控制器,并进行清洁保养;
  5) 检查波力发电装置工作状况,并及时保养与维修;
  6) 检查灯桩避雷设施;
  7) 检查航标上安装的遥测遥控终端、雷达应答器、雷达反射器等设施的工作状态,并及时保养与维修;
  8) 定期检查浮标锚链系统,及时更换磨损量大于原直径 1/8 的锚链、卸扣和转环。
 c) 岸标和浮标每年应大修保养一次,保持航标的结构良好、颜色鲜明。
 d) 航标灯器应经试运行后再正式安装使用,连续试运行的时间,新灯器应为 24h,修复灯器应为 72h。

10.3.6 灯塔的维护按照《海区航标作业管理规则》和 JT/T 731 的有关规定执行。

10.3.7 闽江通海航道钢质浮标的备品数量应符合下列规定:
 a) 钢质浮标备品数量应为在用数量的 30%,易腐蚀和易损河段浮标的备品数量应为在用数量的50%；
b) 专设浮标的备品数量应为在用数量的100%。

11 年度维护计划和技术考核

11.1 年度维护计划

11.1.1 闽江干流航道维护应根据运输发展要求、航道的通航条件和维护能力，制订年度维护计划。

11.1.2 闽江干流航道年度维护计划应包括下列主要技术内容：
a) 航道维护里程和维护类别；
b) 航道维护标准；
c) 航道维护内容、工作量及质量要求；
d) 航道测报与航道信息发布；
e) 航道维护实施方案；
f) 设备维修；
g) 科研与技术革新；
h) 安全目标；
i) 航道维护成果资料。

11.1.3 闽江干流航道维护应建立完善的统计制度，并应制定能全面反映计划指标完成情况的统计报表，统计成果表应纳入航道维护成果资料中。

11.1.4 闽江干流航道维护应逐年收集与整编航道维护技术资料，并形成完整档案。

11.2 航道维护管理工作质量

11.2.1 闽江干流航道维护管理工作质量的根本要求是确保航道安全畅通。

11.2.2 闽江干流航道维护尺度应符合计划要求，当航道自然水深达不到标准维护尺度时，必须采取调标、改泓、疏浚、清障等有效措施保证航道尺度。

11.2.3 闽江干流航标必须保持良好的技术状态：标位准确，外形尺寸符合规定，颜色鲜明，灯光明亮，灯质和视距符合要求，信号悬挂及时、正确。

11.2.4 闽江干流航道维护测绘的内容和工作量应按生产计划的要求完成，成果质量符合相关技术规定。

11.3 技术考核

11.3.1 闽江干流航道维护工作应按航道年度维护计划要求进行技术考核。

11.3.2 闽江干流航道维护里程考核应按维护类别统计航道实际维护里程，航道实际维护里程应达到航道计划维护里程。

11.3.3 闽江干流航道实测水深、宽度、弯曲半径和通航水流条件应满足航道维护标准的要求。航道维护水深年保证率应满足表4和表5的要求。航道维护水深年保证率应按式(1)计算。

表4 闽江干流航道维护水深年保证率

航道名称	闽江通海航道	闽江Ⅳ级航道
维护水深年保证率	≥98%	≥95%
在特枯年份，年保证率可在表列的基础上降低1~5个百分点		

表5 闽江干流通海维护水深年保证率

航道类型	无备淤航道	有备淤航道
维护水深年保证率	90%	98%

$$p = \frac{T-d}{T} \times 100\% \quad (1)$$

式中：p——航道维护水深年保证率(%)；

T——全年日历天数减去因不可抗力因素而被迫停航的天数(d)；

d——可通航期内航道水深不满足航道维护水深的天数(d)。

其中石质和卵石河段航道在水位低于设计最低通航水位时，航道水深应按换算水深考核，换算水深可按式(2)计算。

$$t' = t + \Delta z \quad (2)$$

式中：t'——换算水深(m)；

t——实际水深(m)；

Δz——浅滩实际水深相对应的水位低于设计最低通航水位的数值(m)。

11.3.4 闽江干流航道维护内容、工作量及质量要求的考核应包括航道维护观测、航标维护、滩险航道维护和航道整治建筑物维护等内容，并应满足航道年度维护计划的要求。

11.3.5 闽江干流航道维护测量的内容和工作量应完成计划要求，总工作量的考核可按换算平方公里计算；成果质量应满足年度维护计划要求。

11.3.6 闽江干流航标维护的考核应符合下列规定：

a) 航标维护数量应对照计划数量进行考核。下列情况可视为完成计划：
   1) 河床稳定的航段，根据当年水位情况，适当增减航标数量，满足船舶航行需要，全年的航标座天数和灯天数与计划数量相差在±3%以内；
   2) 河床变化较大的航段，由于水沙条件的影响，航道变化异于常年，使当年设标数量增减较多，全年的航标座天数和灯天数与计划数量相差在±5%以内。

b) 航标失常性质。航标处于不正常的技术状态，致使失去其应有的功能，属航标失常。航标失常分为非维护性失常和维护性失常两类：
   1) 非维护性失常：由于不可抗拒的自然因素或其他外界原因，如风暴、跨崖、崩岸、溃堤、山洪暴发、碰撞、偷盗、破坏等所造成的失常，属非维护性失常；
   2) 维护性失常：维护管理上的原因导致的航标失常，属维护性失常。

c) 航标失常的统计方法：航标失常以座天计算，不足24h按1座天计算，超过24h不足48h按2座天计算，其余类推。灯光失常不足一个夜晚按1座天计算。同一座标(灯)同一天发生数次失常均按1座天计算。规定显示2盏灯(或3盏灯)的航标，无论失常1盏、2盏或3盏，均按1座标失常计算。

d) 航标维护正常率应按式(3)计算，航标维护正常率应达到计划指标的100%。

$$R = \frac{M-N}{M} \times 100\% \quad (3)$$

式中：R——航标维护正常率(%)；

M——全年或计划期内航标维护总座天数；

N——全年或计划期内航标维护失常座天数之和。

11.3.7 闽江干流航道维护性疏浚工作量可按 JTS 181-5 的有关规定进行计算。当航道水深年保证率达到计划指标要求时，航道维护性疏浚可视为完成计划。

11.3.8 闽江干流航道整治建筑物维护的考核内容应包括维修和局部改善工程的工作量及工程质量等。

12 航道保护

12.1 一般要求

12.1.1 闽江干流航道保护应符合国家法律和法规的有关规定。

12.1.2 在闽江干流河道上兴建临河、过河、拦河和取排水等工程,进行砂石开采、弃渣和设置锚地等活动应通过航道主管部门的通航条件审查或审批,并应遵守国家法律、法规和相关技术标准的规定。

12.1.3 通航条件审查或审批前,建设单位应提供下列基本资料:
 a) 拟建建筑物所处河段的河道水下地形图;
 b) 建筑物的总体布置图及与通航有关的设计图纸、航道通航条件影响评价报告;
 c) 拟建建筑物所属河段的水位、流量、泥沙、流速、流向等资料以及必要的船舶航迹观测成果;
 d) 砂石开采和弃渣等活动的时间、位置、数量和作业方式等资料。

12.1.4 在闽江干流河道上修建水上过河建筑物工程、各级河道上修建拦河工程和取排水工程,建设单位应提供航道通航条件技术评价报告;河床演变剧烈或水流条件复杂的工程项目,建设单位还应提供河床演变分析报告和物理模型、船舶模拟试验报告;影响通航的还应提供保证通航的工程措施方案。

12.1.5 修建与通航有关的临河、过河和拦河等工程,应根据船舶通航和工程安全的要求设置专设航标,建设单位负责设置并落实维护工作。

12.2 临河工程

12.2.1 修建临河工程不得影响航道远期发展规划和船舶航行安全。

12.2.2 修建码头应符合下列规定:
 a) 限制性航道、弯曲和狭窄水域、滩险河段和汇流口河段不宜修建码头,因特殊原因需要在上述河段修建码头时,必须进行航道通航条件技术评价。在控制通行的单线航道上不得修建码头;
 b) 码头停泊水域不应占用规划航道。

12.2.3 修建取排水口、船台滑道、水泵房和设置趸船等,均不得占用规划航道。出露在通航河流水面上的取排水口、泵房、趸船和对船舶航行安全有威胁的水下设施,必须设置专设航标示。确需要伸入航道水域的水下设施必须进行航道通航条件技术评价。

12.2.4 取排水设施取排水时,不得形成影响船舶航行安全的横流、漩涡和其他不良水流条件。

12.2.5 护岸工程不得占用规划航道,且不得影响船舶航行安全。

12.2.6 在闽江干流航道岸边新建房屋、道路和堆场等,不得占用已确定的航道岸线保护范围。

12.3 过河建筑物工程

12.3.1 过河建筑物的选址、布置和通航净空尺度应符合现行国家标准 GB 50139 和 JTS 180-3 的有关规定。

12.3.2 水下过河建筑物的埋设深度应考虑河床下切的影响。

12.3.3 修建过河建筑物工程,必须保障施工期的通航安全。施工期通航方案应通过航道主管部门审查。工程竣工前应清除影响通航的临时建筑物和施工残留物,并对施工航道水域进行扫床,应经航道主管部门确认后,方可交付使用。

12.3.4 水上过河建筑物在通航水域设有墩柱时,应设置航标和防撞保护设施。必要时,尚应设置航标维护管理设施和安全监督管理设施。通航孔两侧墩柱防护设施的设置,不得恶化通航水流条件和减小通航净宽。

12.4 采砂、弃渣和其他活动

12.4.1 在闽江干流河道上进行砂石开采弃渣等活动,不得恶化通航条件。

12.4.2 严禁在下列地点进行砂石开采：
   a) 航道保护范围内；
   b) 整治建筑物、通航建筑物及其保护范围内；
   c) 可能引起航道条件恶化的部位；
   d) 可能影响航标、测量标志和其他航道设施使用功能的部位。

12.4.3 严禁在下列地点弃渣：
   a) 规划航道保护范围内；
   b) 可能导致河床形态、分流比或分沙比发生不利于通航变化的部位；
   c) 可能恶化通航条件的部位。

12.4.4 严禁在航道上设置固定网具、拦河捕捞网具和种植水生物。在通航河流上设置渔网、鱼棚和进行水产养殖,不得妨碍航行安全。

12.4.5 锚地设置应符合下列规定：
   a) 锚地设置不得占用航道,并不得影响船舶安全航行；
   b) 锚地不应阻挡航标,锚地范围应设置界牌或标志标示,夜航河段锚地应设置与航标相区别的灯光显示；
   c) 当航道发生变化,锚地影响通航时,锚地应迁移或缩小范围。

附 录 A
（规范性附录）
浅滩航道河床演变观测

A.1 观测内容

A.1.1 河床演变观测的内容应包括河道地形测量和水文观测。

A.1.2 水流和泥沙观测的内容应符合下列规定：
a) 主要由悬移质泥沙运动引起的浅滩河段河床变形，应进行垂线流速、含沙量测验和河床质采样，并应进行悬沙和床沙的粒径分析；
b) 主要由推移质泥沙运动引起的浅滩河段河床变形，除应进行垂线流速测验和河床质采样外，尚应进行推移质测验，有条件时，应进行近底流速和近底含沙量的观测；
c) 当浅滩河段河床演变受双向水流、异重流、往复流和回流等不稳定水流影响时，应在测验垂线流速和含沙量的同时，测量垂线各点的流向，并进行河床质采样与分析。

A.1.3 在进行河床演变观测的全过程中，应同步观测滩段上、中、下部的逐日水位或逐时潮位，并收集观测期内相邻水文站的逐日水位、流量和含沙量或相邻潮位站的逐时潮位。在进行各断面水文测验的同时，应观测各断面两岸边的水位或潮位。

A.2 观测要求

A.2.1 河床演变观测的技术要求应符合 JTS 131 及 JTS 132 的有关规定。

A.2.2 河床演变观测中的河道地形测量和水文观测，应在同一时段内统筹安排，并缩短每一测次的总历时，其中天然径流河段的水文测验应在流量变化相对较小时完成；潮汐河口段的水文测验应施测一个完整的潮期。

A.2.3 河床演变观测的测区范围应包括整个浅滩河段。对汊道浅滩，应包括各个分汊；对汇流口浅滩，应包括主流和支流的相关部分。

A.2.4 河床演变观测中的河道地形测量应符合下列规定：
a) 水下地形应从浅段或浅滩的下游稳定深槽测至上游稳定深槽，浅水区、沟汊和倒套的水下地形均应详测，不得疏漏；
b) 陆上地形应实测汛期、非汛期露出水面的洲滩和有变化的岸线；
c) 在进行水下地形测量的同时，宜实测河段内的表面流速和流向。

A.2.5 河床演变观测水文断面的数量及布设应符合下列规定：
a) 当观测滩段为单一河道时，上下深槽应各布设 1 个断面，浅区内宜布设 2 个或 2 个以上断面；
b) 当观测滩段为分汊河道时，除应在汊道的上、下游单一河道的深槽各布设 1 个断面外，各个分汊河道内均应布设水文断面，其中通航的一汊应布设 2 个以上断面；
c) 各时期观测断面的位置宜固定，当滩段情况复杂，汛期、非汛期流向不一致时，也可对断面的位置或方向进行适当调整，使断面与水流方向垂直。

A.2.6 浅滩河床演变观测，天然径流河段至少应持续进行 1 个水文年，汛期、非汛期内应各有 1~2 个测次，演变规律复杂的浅滩，可连续进行 2 个或 2 个以上水文年的观测；潮汐河口段的观测，应考虑汛期、非汛期与大、小潮型的组合。

A.2.7 河床演变观测的野外作业，应加强现场质量监控，发现问题应及时复测和校正。

附条文说明

本规程制定依据：航道维护工作必须遵守《中华人民共和国水法》(中华人民共和国主席令第74号)、《中华人民共和国防洪法》(中华人民共和国主席令第88号)、《中华人民共和国航道法》(中华人民共和国主席令第17号)、《中华人民共和国航标条例》(国务院令第187号)、《中华人民共和国航道管理条例实施细则》(交工字〔91〕609号)、《中华人民共和国测绘法》(中华人民共和国主席令第75号)、《中华人民共和国内河安全管理条例》(国务院令第355号)、《中华人民共和国河道管理条例》(国务院令第3号)等法规。与航道维护工作有关的技术标准、规范较多，本条未予完全列举。

5 基本要求

5.1 一般要求

5.1.1 条文规定的各项航道维护任务，是根据多年来闽江干流航道的维护实践提出来的，尤其是航道整治建筑物调整，是针对闽江干流现有整治建筑物损坏较为严重的现状提出来的。条文规定的主要精神是做好日常维护工作，保持航道及设施符合标准和技术要求。做到保深、保标、保畅通，既满足目前的航运需要，又为航运发展创造条件。

5.1.2 航道维护标准指航道维护尺度与保证率，是航道维护工作的主要指标。对进行过航道整治的航道，其尺度已经过充分论证，航道设计尺度可作为维护尺度。

5.1.4 本条是针对闽江干流航道保护范围内人为偷采河砂现象较为严重，对航道的影响较大的情况提出来的。

5.2 航道维护分类、等级

a) 闽江干流航道范围将闽江通海航道纳入是为了便于维护单位统一管理。

d) 闽江口七星礁至马尾大马礁航段为Ⅰ级航道，马尾大马礁至水口坝下航段为内河Ⅳ级航道，根据JTJ 287—2005的维护类别均为一类维护。

5.3 航道维护尺度

5.3.4 调整航道宽度时，应根据实际通航需求适当调整导助航设施。

5.3.5 水位变化大的季节维护尺度发布频率可适当加大。

5.4 航道测报与航道信息发布

5.4.3 航道尺度包括航道水深、航道宽度和弯曲半径。考虑到弯曲半径日常变化较小，因此航道尺度的测报内容主要包括航道水深和航道宽度。

水口水电站水库调节库容为7亿m^3，库容系数仅1.4%，基本上属于径流式电站，汛期有一定的调峰作用，枯水期内起不完全季调节作用。在中、枯水期，特别是枯水期，受水库调节与电站运行控制，随着电站基荷与峰荷不同，下泄流量发生变化，坝下河段的流量亦随着起伏，每天出现两次波峰和波谷，但由于坝下河槽的调蓄作用，波峰波谷沿程坦化乃至消失；近期闽江河口区潮区界和潮流界已上提接近水口水电站，坝下沿程流量呈明显递增的特点。基于以上情况，闽江干流来水受控于水口电站下泄流量，已无枯水期和中水期之分，仅有汛期和非汛期之分。一般情况下每年4～8月为汛期，其余时段为非汛期。航道的淤积基本出现在洪峰过后，为此在汛期安排观测次数多，特别在洪峰过后必测一次。

5.4.8 发布航道通告或通电的目的是使船舶和航运部门及时了解航道情况，保障船舶航行安全，因此，对本条规定中的航道信息应以快捷先进的方法及时发布。

5.5 航道维护管理

5.5.2 推移质泥沙是闽江河道泥沙的重要组成部分,研究表明闽江河床冲淤变化主要是推移质输沙不平衡引起的,特别是汛期,大量的上游来水来沙极易造成闽江干流航道骤淤、航标移位和整治建筑物损坏等,因此汛期过后应立即开展航道、航标和整治建筑物检测。

5.5.3 根据近几年闽江干流航道维护实际经验,航道局部区域水深可能出现较大幅度的变化,航道内水深良好的区域在经过一段时间的河床演变后,航槽淤积严重,而附近原浅滩处刷深,因此需根据河床变化情况适当调整航道平面布置,保证航槽内水深满足设计代表船型船舶安全通航。

5.5.4 整治建筑物修复或调整需及时上报主管部门。

6 航道维护观测

6.1 一般要求

6.1.2 为了避免不必要的重复,本规范侧重对各项观测的内容、范围和测次等提出要求,至于观测方法和精度要求等,则按 JTS 131 和 JTS 132 的有关规定执行。

6.1.4 目前测绘仪器发展很快,一些先进的测绘仪器已陆续从国外引进或在国内研制成功。测量仪器需要定期进行检查校正。

6.2 航道维护水文观测

6.2.3 人类活动主要指滩险整治和无序采砂等活动,自然因素指特殊的、可引起河床较大变形的水、沙条件。

6.2.4 天然河流上的急滩和险滩之所以碍航,大多数与比降陡、水流急、流态坏有关。条文主要根据闽江干流的实践经验,对碍航严重的急滩、险滩应进行的局部比降观测和表面流速、流向观测做了规定。执行时注意:局部比降是急滩的必测项目,险滩是否测局部比降应视需要而定。考虑到急滩、险滩的具体碍航状况,不仅应从研究比降、流速和流态上取得认识,而且还应从研究船舶航迹观测中得到印证,故将原属于专项观测的航迹观测也纳入主要条文中,目的是便于掌握执行,同时也可简化章节、条文。

6.2.5 掌握重要汊道浅滩各汊分流比,对研究该滩的演变规律和选汊是必要的。

6.3 航道维护水深测量

6.3.2 本条根据 JTS 310 和福州市地方法规《福州市海上交通安全管理条例》,并结合闽江干流航道实际情况制定。闽江通海航道和闽江Ⅳ级航道均属于变化较大的航道,闽江通海航道全河段测量的周期定为 3 年,闽江Ⅳ级航道相对来说河床变化的可能性更大,因而测量周期定为 2 年。测量比例仅规定了最小值,不设上限,可根据维护工程实施的需要,加大测图比例尺。

6.3.4 表 2 所规定的基本测次数,是根据闽江干流实践情况,经综合分析后提出的。

6.3.5 为保证航道安全,应及时掌握航道水深情况,定期进行检查测量。闽江通海航道内、外沙航段,受风暴潮等特殊水文情况影响较大,为及时掌握航道情况,可根据实际需要适当增加测量次数。

6.3.7 由于浅滩往往在汛期淤积,而在其他时候也可能出现深泓线摆和深槽萎缩等情况,因此,作为了解浅滩变化的基本测次,测区范围不能偏短,条文规定要包括一部分稳定深槽,这是很必要的。

6.3.8 条文中的碍航浅区,除包括浅滩脊外,还应包括与之相连的上、下深槽的局部范围。基于在一些变化频繁的沙质浅滩上进行维护性疏浚的经验,条文规定了供易变浅滩挖槽定线和施工放样使用的测图宜在开工前 5d 内测出;对砂卵石浅滩以及变化较慢的沙质浅滩,虽不受 5d 的限制,但也不宜使用过早地测图。

6.3.9 条文规定浅滩历年测图采用相同坐标系统、绘图基面和图比,目的在于便于比较分析。如确需调整，应在相关文件和开始调整的若干时段的测图中做详细说明或加注。

6.3.10 对进行浅滩维护测量的时机问题，其基本精神，一是要能反映浅滩冲淤的基本过程，二是要适应工作需要。

6.3.12 考虑到河演观测比较费事，不宜做普遍要求，条文只规定在重要干线航道碍航严重的复杂浅滩上有选择地进行此种观测，并将有关技术要求列入附录 A。

6.4 航道整治建筑物观测

6.4.1 本条列出的是航道整治建筑物观测的主要内容，根据需要可增加其他内容。

6.4.3 闽江干流航道的整治建筑物主要是丁坝和顺坝，建筑物结构主要为斜坡堤，在设计阶段或施工期间应考虑观测点的预置，宜于设计阶段时就提出整治建筑物在运用期的维护观测技术方案，以使在运用维护阶段中实施。

6.5 航道图测绘和电子航道图制作、维护及更新

6.5.2～6.5.4 这三条主要是对全河段航道图和全河段航道简图分别提出不同的测绘技术要求。

6.5.5 本条列出的是闽江干流电子航道图制作的主要内容，可根据需要增加其他内容。

6.5.8 应根据最新的观测资料及时更新闽江干流电子航道图，以确保其时效性。

6.5.9 闽江干流电子航道图应根据所服务的对象、发布的介质等条件，对其中的数据进行相应的保密处理后方可提供使用。

7 航标维护

7.1 一般要求

7.1.4 本条规范了航标维护质量和航标维护正常率，使维护管理的航标更好地为航行船舶服务。

7.1.8 专设航标的使用范围与管理办法，在《内河航标管理办法》中已做了明确的规定，本条仅强调了位于航道上的，应采用航行标志，以便船舶航行时，更清楚地判明航道界限。

7.1.9 水上航标在航道上使用时，航标器材碰损时有发生，在流速较大的桥区航道上，航标器材的损失率有的年份高达100%，航标器材是易损易耗品，只有规范航标器材备用量，才能保障正常维护航标的需要。设置专设航标，是为了标示取水口、码头等与通航有关的临河建筑物，设置位置特殊，一般情况下只设一座或几座，又较易碰损，因此，保证100%的备品是需要的。

7.2 航标的设置与调整

7.2.2、7.2.6、7.2.7 在正常情况下航标设置，应根据航标配布图进行，但对变化急剧的浅滩航道的航标设置，由于在编制航标配布图时难以预料，故需根据航道的变化实际及时调整。

7.2.4 过河建筑物的上下游，设置通航净高标牌或设置水位自动显示牌，可方便船舶航行。标牌的尺寸可根据建筑物和航道情况确定，由建筑物的建设或管理单位设置与维护。

7.2.5 航标科技在不断发展，通航海轮的航道上，配布无线电航标和雷达反射器，方便海轮航行，是一项十分必要的工作。

7.2.9 设置碍航物浮标时，浮标距碍航物的正横距离和设置时间，难以做出统一规定，只能视各河段的航道实际情况，按本条规定的原则研究确定。

7.2.15 与通航有关的设施，其专设航标的设置与维护，是确保船舶航行安全及设施安全的重要措施。但与通航有关的设施的种类较多，在设置和维护专设航标时，还应根据实际情况研究确定。

7.3 航标的检查、保养与维修

7.3.5 航标新技术、新材料和新工艺的应用,可以提高航标的质量和可靠程度,减少维护工作量,如采用遥测遥控系统管理的航道上,可以实时监控航标的技术状况。在这种情况下,航标的日常检查和定期检查的内容,可根据具体情况进行调整。

7.3.7 航标的日常检查和定期检查的周期应区别不同情况做出具体规定。本条根据一般情况提出了日常检查和定期检查的周期,可作为闽江干流确定检查周期的参考依据。

8 滩险河段航道维护

8.1 一般要求

8.1.1 滩险河段具有通航条件差、变化大的特点,要确保航道畅通,应重点维护。

8.1.2 考虑到有些航段在已确定的标准尺度中,维护航宽略大于直线航道的单线宽度,弯曲半径也略大于3倍标准船队的长度,都有一定的安全余量。因此,条文规定了当标准水深、航宽和弯曲半径确实难以兼顾时的特殊处理办法。

8.1.4 福建省人均土地少,闽江两岸土地产量高,弃土处理难度越来越大,对弃土处置可因地制宜,但应避免二次污染。

8.2 浅滩航道维护

8.2.5~8.2.6 这两条分别对浅滩疏浚方法和质量要求做出规定,是从实践经验中归纳而得,强调疏浚方法需因地制宜,最有效地浚深航槽和保证施工质量。

8.3 弯曲狭窄河段航道维护

8.3.1 在紧靠船舶停泊区和城镇的运河或水网航道上,弃置或失落物体往往较多;在桥渡区和水流交汇处,容易产生淤积,也可能出现其他碍航物,经扫床判明后,予以及时清除,是保障船舶安全通航的重要条件。在这些地区适当增加扫床次数是必要的。

8.3.3 运河和水网航道一般很少淤积。据上海、江苏和浙江等地实践经验,淤积变化较大的多在运河、水网航道与天然河流衔接沟通处,或连通潮汐河流的闸下游等局部河段;紧连湖泊的运河和水网航道,或通过沙层的运河航道也有一定淤积,但淤积速率较为缓慢。这条对年内变化较大的浅段需采取的措施做了规定。

8.3.4 本条是根据水运发达地区已有的成功经验制定的。

9 航道整治建筑物维护

9.1 一般要求

9.1.2 对航道整治建筑物技术状况的检查,根据经验,每年汛后、新建整治建筑物运行初期,以及在受自然灾害或人为破坏的情况下均组织检查,条文将其归纳为定期检查和临时检查,要求检查时对建筑物的损坏程度和原因做详实记录,并及时编写检查报告。

9.1.4~9.1.6 这三条根据各地的实践经验,将整治建筑物维修工程划分为一般维修工程和局部改善工程,并明确规模较大的整治建筑物改建、扩建工程,应纳入基本建设项目。

9.2 航道整治建筑物的检查

9.2.2 本条对整治建筑物技术状况检查的重点部位提出了要求。

a)~b) 坝根、坝头和坝面是整治建筑物的重要部位,如有较大的毁坏,会影响坝体的稳定和整治建筑物工程效果。

c) 溪口导流坝和溪沟拦石坝,因其拦石和导石有一定的容量限制,所以需同时勘察其拦、导的效果。

d) 对护岸建筑物,除应检查建筑物陆上部分有无沉陷和损坏外,尚应检测水下坡脚有无淘刷和变形、排水是否正常、护岸上下游岸坡有无变化。

e) 护岸建筑物水下坡脚如有淘刷变形以及排水不畅,将影响护岸稳定。

9.2.4 本条规定,对新建整治建筑物,在其建成初期3年内,宜在非汛期增加一次检查,是因为整治建筑物建成初期,坝体尚未完全稳定,故需在枯水期出露后多做一次检查。

9.2.5 为了对整治建筑物的技术状况有一个明确的统一的评价方法,条文提出通过检查,可将航道整治建筑物的技术状况分为四类,并规定了相应的评定标准。

9.2.6 新中国成立以来至20世纪90年代,航道部门为了治理闽江干流航道,先后在河道上抛筑近180道整治建筑物(丁坝、顺坝、潜坝、分流坝、鱼嘴坝及锁坝等),其中水口坝下—淮安头约90条、南港约40条、闽江通海航道约50条。各坝坝头高程在乌龙江高速公路桥上游基本按1956年制定的绘图水位以上2m控制,乌龙江高速公路桥下游按半潮位控制。目前大坝下游沿程低水位已平均下跌约2m,最大下跌4.89m,导致淮安头以上很多丁、顺坝已处于河道的高滩上,不仅均有不同程度的损坏,有的坝体坝根处出现了大串沟;而且部分建筑物已失去了调整河流流速流向、固定边滩等作用。考虑到目前潮区界和潮流界已上提至接近水口大坝,涨潮时段在淮安头上游河段形成一个大水库,其平均进潮量约2000万m^3,落潮时段所蓄潮量随着水口电站下泄径流,到淮安头附近河段时平均落潮流量可达约4000m^3,大约是水口电站最小下泄流量的14倍,已不存在流量不足的问题,应对原整治建筑物进行分类,可安排拆除部分丁坝等,为此特列此条。

9.2.7 对损坏情况严重,在短期内就能造成不良后果或重大经济损失的整治建筑物,理应安排应急修理。要求当年维修,是指在该年汛后的一个枯水期内维修完毕。

9.3 航道整治建筑物的维修与局部改善

9.3.1~9.3.2 这两条是根据各地一些成功的实践经验制定的。具体处理措施,可结合新技术、新材料和新工艺在实践中逐步完善、提高。

9.4 航道整治建筑物调整

9.4.1 由于人为活动的影响,闽江干流河道岸线发生较大的变化,局部河段河面缩窄,河道刷深,航道内水深维持较好,即使附近整治建筑物已经损毁仍可维持现状。

10 闽江通海航道维护

10.3 航标维护

10.3.2 闽江通海航道航标按海区水上助航标志设置,由东海航海保障中心福州航标处负责维护;闽江Ⅳ级航道航标按内河助航标志设置,由福州港航道管理站负责维护,因此不做统一规定。

11 年度维护计划和技术考核

11.1 年度维护计划

11.1.2 "航道维护里程"是指"通航里程"中实际进行维护(包括一、二类和三类维护)的那一部分。

可以通航,但年内未进行过任何形式的维护,甚至连少量勘察也没做过的那一部分通航里程,不能计入"航道维护里程"。

11.1.3 本条所做的规定,主要是便于交通运输部航道管理机构以及省内有关部门全面掌握闽江干流航道维护工作的基本情况及其变化。

11.1.4 收集及整编航道维护技术资料,既是以前工作的总结,也是今后工作的基础。航道维护技术资料主要有航道水文、泥沙资料和浅滩航道尺度;重点急、浅、险滩的演变、维护;航道整治工程、通航建筑物、临河、跨河及拦河工程;维护机构的设置与变更、维护计划、海损事故、航道科研与技术革新等。

11.3 技术考核

11.3.3 航道维护标准水深的保证率与设计最低通航水位的保证率既有联系,又有区别。表4及其注中的规定是依据各地实际维护情况研究确定的。表5中的无备淤深度的航道维护水深年保证率,是按目前对无备淤深度的航道维护的考核要求而定的。考核要求是在维护期内,航道底宽内不能出现孤立浅点。若考核要求改变,则该年保证率可相应提高,计算航道维护水深保证率的公式是经反复研究确定的,将潮汐河口段常用的通航水深正常率与天然径流河段常用的年通航标准水深保证率的计算公式进行了统一。目前各地航道管理机构对航道水深的考核大体有三种方式:(1)当水位高于或等于最低通航水位时,要求航道水深确保规定标准;当水位低于最低通航水位时,不做任何考核,基层单位也停止保深的努力,这种考核方式实际把航道水深保证率等同于设计最低通航水位的保证率;(2)无论水位高于或者低于设计最低通航水位,都进行考核,但水位低于设计最低通航水位时可以适当降低要求,以能适应船舶减载通航为原则;(3)不管当年水位高低,规定在一个通航期内要有多少天达到水深要求,达不到规定天数即作为未完成任务。比较后认为:第一种过于放松,不利于减小枯水年的航运损失;第三种又嫌太刻板,枯水年更显得要求不合理;第二种较为适中,可以作为推荐的考核方式。各种考核方式的区别主要体现在航道水深不满足维护水深的天数,在水位高于设计最低通航水位期间,实际水深满足航道维护标准水深要求,$d=0$;在水位低于设计最低通航水位期间,如航宽和弯曲半径达到或超过允许的最小维护值,其换算水深达到或超过标准水深要求时,$d=0$,如换算水深达不到或不超过标准水深要求时,d取换算水深达不到标准水深的天数。从多年执行的情况来看,这一计算公式还是较为科学、合理的,应作为今后考核航道水深保证率的统一标准。

11.3.6 本条规定,航标维护工作应主要考核设标数量、航标维护性正常率及航标技术状况与使用效果三项内容,这是综合各地实际情况后定出的。其中设标数量允许实际与计划有一个小的出入,目的在于:避免在条件较好的年份,为了追求完成计划数量,不必要地增加一部分设标数量;而在条件较差的年份,为了适应维护工作需要,允许少量突破计划规定设标数,做到实事求是。"航标维护性失常"是指因管理不善和客观失常没有及时恢复而造成的航标错、漏设及移位、灭灯、灯质差错、顶标错置,不包括船舶碰撞、流木压沉、偷盗或其他人力不可抗拒的自然灾害所造成的航标失常。至于具体统计办法,在尚未制定新的规定前,暂按下列办法执行:一座24h按失常1座天计算,超过24h、不足48h按2座天计算,其余类推。

11.3.7 维护性疏浚工作不以计划疏浚量为考核指标,而以保持航道畅通和达到航道维护水深为考核指标,具体考核时还需区分疏浚是否及时、措施是否得当。

12 航道保护

12.1 一般规定

12.1.1 航道是不可再生资源,受国家有关法律、法规保护。航道管理机构应根据《中华人民共和国水法》(中华人民共和国主席令第74号)、《中华人民共和国航道管理条例》(国发〔1987〕78号)等国家现行有关航道保护的法律、法规行使航道保护的职权,目的是防止在通航河流上修建与通航有关的各类建筑物而导致航道条件恶化,危及船舶航行安全。

12.1.2 航道管理机构在进行与有关的通航标准和通航技术要求审查和审批时,要求要遵循国家现行有关行政法规,并要满足本章所规定的各项技术要求。

12.1.3~12.1.4 这两条是对与通航有关的工程项目审查时,要求提供的基本资料,具备这些资料才可能审查是否对航道有影响及如何采取措施。对高等级的航道修建水上过河工程或修建拦河闸坝工程和大型吸排水工程,更要求对通航的影响提出专题论证报告,对通航有影响的,要求提供保障通航的工程措施和方案。

12.1.5 修建临河、过河和拦河建筑物等,为使航行安全和设施自身安全,助航标志设置由建设或施工单位设置和负责以后维护,航道部门对其进行业务检查,使其符合国家标准和有关技术规定。

12.2 临河工程

12.2.1 随着社会经济的发展,利用江河岸线的各项建设活动日益增多,有些建设活动甚至侵占到主航道,直接影响水运的发展和船舶航行安全,有条件的河段根据航运发展的需要编制航道和岸线规划,科学合理地使用岸线,对保护航道起着重要作用。

12.2.2 在闽江干流河道上新建、改建、扩建(以下统称建设)跨越、穿越航道的建筑物或构筑物工程、临河建筑物或构筑物工程,以及在各级河道上修建拦河工程等的,建设单位应按《航道法》的有关规定,开展航道通航条件影响评价工作,并获得航道管理部门的审查或审批;在河床演变剧烈或水流条件复杂的河段建设工程项目的,建设单位还应开展河床演变分析和物理模型试验、船舶模拟实验并向有权审批的航道管理部门提供相关研究报告,对通航有影响的还应提供保证通航的工程措施方案并落实实施。

12.2.3 在不同水位或航槽改变等原因,规划航道随时可能通行船舶。因此,修建泵房和抽水设施或斜架车等,均不得占用规划航道,入水部分还需有一定的富裕宽度。它们对船舶安全航行有威胁,或船舶航行会对它们自身造成损毁,因此须设置助航标志标示其位置。

12.2.4 漩涡或横流对船舶安全航行有威胁,取水时不得形成影响船舶航行安全的漩涡或横流等不良流态,否则要采取工程措施进行消除,确保航道安全畅通。

12.2.6 在航道岸线保护范围内新建房屋、道路和堆场等,可能影响航标的正常配布,大量占用岸线也不利于航运发展。

12.3 过河建筑物工程

12.3.1 修建桥梁、渡槽和架空管道等过河建筑物的墩柱应选择在航道较顺直和河床稳定的航道上。对水深不足和水流条件不好的河段,航道部门常需进行疏浚和整治等改善航道条件的活动,若在这种河段布设墩柱,必定会恶化通航条件。因此,过河建筑物选址、布置和通航尺度选取应执行 GB 50139 的有关规定。若通海轮的内河航道修建水上过河建筑物时,应同时考虑海轮的通航要求。

12.3.2 水下过河建筑物一旦遭受破坏,修复难度极大,损失严重。如果选址河段航道条件不好,需要疏浚和整治,对其非常不利,并且该河段一定范围内不能下锚或拖锚航行,因此水下过河建筑物应选址在河道稳定少变、水深富裕和水流条件良好的平顺河段。如确需在枢纽下游或受人工挖砂影响的河床埋置,应分析河床下切的趋势和水位下降的幅度,合理确定建筑物埋置深度,避免产生建筑物碍航。

12.3.3 修建各项过河建筑物工程,应保证施工期通航,施工期通航方案应在施工前经航道管理机构同意,不能使通航受影响。工程竣工前将其施工期的临时建筑物和残留物等清除干净,经航道管理机构验收确定后,建筑物方可交付使用。

12.4 采砂、弃渣和其他活动

12.4.1 在通航河流采挖砂石和淘金等活动,其机械设备和锚泊设备,所占据的通航水域范围广,极大地影响通航。另外,河道上采挖砂石和淘金等活动改变河床局部形态,引起河段的输沙不平衡,造成航道恶化,因此,航道管理机构必须对其作业方式、作业范围和数量等进行审定,并规定上述活动满足航道保护要求。

12.4.2 在航道、整治建筑物保护范围内和引起航道变化的航段采砂和淘金等,将对航道和航道设施造成破坏。在过渡段上下边滩接岸处、非主航道汊道的鞍凹处、利于维持山区航道通航条件的石梁、石嘴等处进行采砂和淘金等,都将影响通航条件,因此规定不能在这些河段进行采挖砂石和淘金等活动。

12.4.3 采挖砂石和淘金的废弃物不按规定抛弃,可能改变航道的分流比和水流条件,造成新的淤积而阻塞航道。

12.4.4 在航道水域设置固定网具,可能堵塞航道,影响航道通过能力,也不利于船舶安全航行。

12.4.5 锚地设置不得占用航道,锚地的设置应服从航道变迁的需要。